LA BATALLA DE LAS TERMÓPILAS

El heroico sacrificio de Leónidas
y sus 300 espartanos

Por Vincent Gentil
En colaboración con Bruno Tabuteau
Traducido por Laura Soler Pinson

Historia 

LA BATALLA DE LAS TERMÓPILAS

DATOS CLAVE

- **¿Cuándo?** En agosto de 480 a. C.
- **¿Dónde?** En el desfiladero de las Termópilas, paso entre el norte de Grecia y el centro de Grecia.
- **¿Contexto?** La segunda guerra médica (481-479 a. C.).
- **¿Beligerantes?** El Imperio persa contra las ciudades griegas aliadas, dirigidas por Esparta.
- **¿Principales protagonistas?**
  - Leónidas I, rey de Esparta (*c.* 540-480 a. C.).
  - Jerjes I, gran rey del Imperio persa (*c.* 519-465 a. C.).
  - Mardonio, general persa (fallecido en 479 a. C.).
- **¿Resultado?** Victoria persa.
- **¿Víctimas?**
  - Bando griego: mueren los 300 espartanos de Leónidas I; probablemente ocurre lo mismo con los 700 aliados tespios (habitantes de una ciudad griega en la región de Beocia) y con un número indeterminado de tebanos.
  - Bando persa: se lamenta una cifra elevada de víctimas mortales, pero se desconoce la cantidad.

INTRODUCCIÓN

En el año 480 a. C., diez años después de la primera guerra médica, el poderoso Imperio persa prepara un segundo asalto para invadir Grecia continental, a pesar de que ya domina las urbes griegas de Asia Menor (la actual Turquía) y una parte de las islas griegas, así como Tracia y Macedonia, al norte del mar Egeo. Si bien durante el verano la victoria parece imposible, los griegos ponen sus diferencias a un lado y, tanto por mar como por tierra, intentan impedir el paso del ejército persa y de su inmensa flota. En ese momento, se envía hacia el estrecho desfiladero de las Termópilas, que conduce al centro de Grecia, un contingente de varios miles de hombres, con Leónidas I, rey de Esparta, a la cabeza.

La batalla de las Termópilas forma parte de los acontecimientos que han alimentado durante siglos el imaginario europeo, por lo que hemos pasado de la historia a la leyenda. ¿Quién no ha escuchado hablar de Leónidas I y de sus heroicos espartanos, que se enfrentan a todo el Imperio persa en los albores de la Época Clásica griega? Así, a la hora de abordar este tema, tendremos que diferenciar entre historia y leyenda. En concreto, podríamos llegar a plantearnos la importancia real, tanto política como militar, de las Termópilas: ¿realmente esta batalla lleva a que los griegos acaben venciendo a los persas o se ha magnificado su importancia a lo largo del tiempo?

CONTEXTO POLÍTICO Y SOCIAL

EN LA RAÍZ DEL CONFLICTO: LA EXPANSIÓN POR EL MAR MEDITERRÁNEO DEL IMPERIO PERSA

La gran ofensiva persa contra Grecia en 480 a. C. no sorprende a las ciudades griegas, que han tenido tiempo de prepararse. De hecho, estas urbes llevan mucho tiempo sufriendo las ambiciones expansionistas del poderoso Imperio oriental.

Griegos bajo dominación persa

Las relaciones conflictivas entre Grecia y el Imperio persa vienen de bastante lejos. Desde mediados del siglo VI a. C., las ciudades griegas de Asia Menor se ven sometidas al soberano persa, que les impone el pago de un tributo, a veces guarniciones, e interviene en sus asuntos internos. Para controlar las distintas ciudades griegas, los dirigentes persas a veces colocan a tiranos simpatizantes, a los que apoyan y mantienen en el poder.

LA REVUELTA JÓNICA

Aunque Jonia es una región próspera desde un punto de vista económico, la mayor dureza de Darío I (rey de los persas, c. 522-486 a. C.) provoca la rebelión de la zona entre 499 y 493 a. C. A pesar del apoyo de Atenas y de Eretria, que se salda en 498 a. C. con el saqueo de la ciudad de Sardes, sede del poder persa en la región, finalmente los griegos son derrotados en Lade (oeste de Mileto). La represión es muy dura y la ciudad de Mileto es destruida. Darío I, que parece querer cerrar el asunto griego de manera definitiva, prepara una ofensiva contra Grecia continental a partir de 492 a. C. Ese mismo año, el gran rey logra retomar el control sobre Tracia y Macedonia en Europa, regiones conquistadas desde 513 a. C.

LA PRIMERA GUERRA MÉDICA

Dos años más tarde, estalla la primera guerra médica. La flota de Darío I, que está conformada por casi seiscientos navíos, toma Grecia a las órdenes del medo Datis (fallecido después de 490 a. C.). Al gran rey se une un gran número de hombres, ya que muchas ciudades griegas consideran que es inútil ofrecer resistencia. Sin embargo, Atenas, que se encuentra prácticamente sola frente al invasor, logra frenar a los persas: sus hoplitas frustran el desembarco previsto en Maratón, en el Ática oriental, sobre todo porque la caballería persa ya ha vuelto a subir a los barcos cuando llegan los griegos. Aun así, esta derrota no altera los planes de los persas, que se muestran decididos a proseguir su conquista; los preparativos para una nueva expedición empiezan unos años más tarde.

Por lo tanto, justo antes de la invasión de 480 a. C., los griegos saben que Jerjes I, que sucede en 486 a su padre Darío I, prepara un nuevo ataque.

EL IMPERIO PERSA, UNA POTENCIA QUE REAFIRMA SU RELEVANCIA

El Imperio persa es un inmenso espacio heterogéneo que se extiende desde el Indo, a las puertas de India, hasta el mar Mediterráneo, y desde el Cáucaso hasta Arabia y Egipto incluidas. Así, dentro del Imperio se encuentra el país de los medos, situado al sur del mar Caspio —de donde viene la denominación de «guerras médicas», nombre que los historiadores griegos dan a las ofensivas de Darío I y de su hijo Jerjes I, en 490 y en 480 a. C. respectivamente—. El Imperio, sometido por Ciro II (rey de Persia, 556-530 a. C.) desde 559 a. C., se organiza en satrapías (regiones) y cada una está dirigida por un alto mandatario, un sátrapa, nombrado por el gran rey. Así, hay un sátrapa en Sardes, de quien dependen las ciudades griegas de Jonia.

A pesar de los distintos intentos de invasión, el mundo griego no representa más que un problema muy secundario para ellos. Seguramente, las ofensivas de principios del siglo V a. C. se deben a la voluntad de Darío I de dominar el mar Egeo, más que la propia Grecia. No hay señales que indiquen un deseo imperialista sistemático o una aspiración al imperio universal.

LA GRECIA DE LAS CIUDADES: UN ESPACIO POLÍTICAMENTE DIVIDIDO

Durante la época de la batalla de las Termópilas, la mayor parte de Grecia se organiza en ciudades, es decir, en pequeños Estados independientes que disponen de instituciones centrales permanentes, de una ciudad alta fortificada y de actividades artesanales y comerciales desarrolladas.

A principios del siglo V a. C., la Grecia conformada por estas ciudades no deja de ser un conjunto muy dividido en el que las guerras locales y regionales están casi a la orden del día. Esparta (o Lacedemonia), que tiene muchos aliados que forman la Liga del Peloponeso, representa en ese entonces la principal potencia, aun cuando la urbe de Atenas, que acaba de adoptar una nueva constitución democrática, se encuentra en pleno ascenso. Tras la batalla de Maratón (490 a. C.), el descubrimiento de minas de plomo argentífero en el macizo del Laurión, en el centro del territorio, permite que los atenienses construyan una importante flota de guerra con la que acabarán venciendo a los persas y dominando Grecia.

Además de estas ciudades, también subsiste una forma de organización más arcaica que los griegos llaman *ethnos* (que significa «pueblo» o «raza» en griego), principalmente en las regiones montañosas del oeste y del norte. En este caso, no hay ciudad principal ni instituciones comunes permanentes, sino una red de pueblos más o menos importantes. En concreto, así sucede en Tesalia, en Macedonia y en Fócida (al norte de Grecia).

LA SEGUNDA GUERRA MÉDICA: UNA OFENSIVA MASIVA

Desde su llegada al poder en 486 a. C., Jerjes I prosigue la obra de su padre y decide proyectar una expedición gigantesca contra Grecia, tal y como anuncian los preparativos entre 483 y 481 a. C. que se detallan a continuación:

- se construyen dos puentes de barcos sobre el Helesponto (actual estrecho de los Dardanelos), estrecho que permite el paso de Asia a Europa;
- se construye un canal para evitar que la flota persa tenga que rodear la península del monte Athos;
- se transportan víveres hacia Tracia y Macedonia, que ya están sometidas.

Por otra parte, aunque no disponemos de cifras exactas, el historiador griego Heródoto (c. 484-420 a. C.) sostiene que el rey puede contar con efectivos importantes, que rondan los doscientos mil hombres y los mil barcos. Según la leyenda, el ejército desfila durante siete días y siete noches ante su jefe, lo que brinda la oportunidad a los autores griegos de señalar los excesos (*hybris*) de los orientales.

En 481 a. C., Jerjes I abandona la capital de Susa y se dirige a Sardes. Durante la primavera siguiente, el inmenso ejército se pone en marcha y llega a Macedonia sin haber luchado, mientras la flota atraca al norte del mar Egeo. Al contrario de lo que ocurre durante la invasión de 490 a. C., el gran rey dirige en persona la expedición, por lo que se encuentra al mando de varios cientos de miles de soldados a los que se van uniendo progresivamente contingentes griegos reclutados en las regiones que atraviesan, a las que se somete en seguida si no lo estaban ya, como Jonia, Tracia, Macedonia y, dentro de poco, Tesalia.

LAS CIUDADES GRIEGAS ORGANIZAN LA RESISTENCIA

Ante este peligro mortal, las ciudades griegas logran dejar a un lado sus discrepancias y, rápidamente, organizan una estrategia común: se reúnen en Corinto, forman una Liga Panhelénica y le confían el mando de las operaciones al rey de Esparta, Leónidas I. En este momento, los tesalios, que se ven amenazados inmediatamente por Jerjes I, proponen crear una línea de defensa entre su país y Macedonia, pero ante la negativa griega, terminan por unirse al bando de los persas. En efecto, los griegos optan por esperar al enemigo más al sur:

- la flota esperará en el cabo Artemisio, al norte de la isla de Eubea;
- mientras que una parte de la infantería se quedará en el desfiladero de las Termópilas.

La estrategia está clara: se trata de cerrar el paso a los persas en lugares estrechos, donde no podrán desplegar a todas sus tropas.

PROTAGONISTAS PRINCIPALES

LEÓNIDAS I, REY DE ESPARTA

Leónidas en las Termópilas, por Jacques-Louis David, 1814.

Leónidas se convierte en rey de Esparta en 489 o 488 a. C., junto con Leotíquidas (fallecido en 469 a. C.). Encarna la resistencia de toda Grecia frente a la invasión persa, puesto que él es quien está al mando del contingente que tiene que frenar al ejército de Jerjes I en las Termópilas en 480 a. C. Tenemos pocos datos sobre Leónidas, salvo las condiciones de su ascenso a la realeza y su papel durante la batalla en la que termina muriendo.

Leónidas, que pertenece a la familia real de los Agíadas, sucede a su hermanastro mayor Cleómenes, que muere sin descendencia masculina en 490 a. C., en calidad de nieto del rey Anaxandridas. Se casa con Gorgo, la hija de Cleómenes. Aunque esta llegada al poder es inesperada, se ajusta a la costumbre espartana y no parece que generara protestas.

Sin embargo, Leónidas I toma el poder en un contexto en el que la realeza parece someterse a un control más férreo por parte de la ciudadanía:

- en efecto, si bien antes los dos reyes podían salir juntos en campaña, a partir de este momento uno de ellos debe quedarse en la ciudad, donde encarna un contrapoder con respecto al que está dirigiendo el ejército. Así, se envía a Leónidas solo a las Termópilas, mientras que Leotíquidas se queda en Esparta;
- por otra parte, mientras que Cleómenes todavía podía tomar la iniciativa de formar un ejército como le pareciera conveniente, a partir de este momento es costumbre que la asamblea popular se pronuncie sobre la paz y sobre la guerra antes de que el rey parta en campaña.

¿<u>SABÍAS QUE</u>...?

Durante una campaña militar, el rey, rodeado por una guardia que escoge de entre sus tropas de élite, combate en primera línea, en el ala derecha. Tiene varios derechos, como:

- el derecho de vida y muerte sobre sus hombres;
- el derecho de acordar una tregua y de crear alianzas.
- Sin embargo, para concluir la paz, tiene que obtener el acuerdo de la ciudad.

Quizás esta tendencia explique la estricta obediencia a la ley que caracteriza la acción de Leónidas I y el tesón con el que defiende las Termópilas, incluso cuando ya es evidente que se ha perdido la posición.

¿Tendría miedo de las represalias a su vuelta si no obedecía lo estipulado? En efecto, es interesante plantear esta cuestión, ya que el rey se somete al control de los poderosos éforos, altos magistrados que aplican las decisiones de la asamblea popular y pueden pedir cuentas a los reyes cuando vuelven de campaña.

No obstante, esto no le resta valor al heroísmo del jefe espartano ni a su acción militar, alabados en Esparta, pero también en el resto de Grecia hasta finales de la Época Antigua y más allá, tal y como nos indica todavía en la actualidad la estatua erigida en los años cincuenta en el lugar de la batalla.

JERJES I, GRAN REY DEL IMPERIO PERSA

Retrato imaginario de Jerjes I publicado por Guillaume Rouillé en el siglo XVI.

Jerjes I, hijo y sucesor de Darío I, tiene treinta y cinco años cuando accede a la cabeza del Imperio persa en 486 a. C. y en seguida organiza una gran ofensiva contra Grecia, que se saldará con un importante fracaso.

Pertenece a la dinastía persa aqueménida, de la que es el cuarto soberano, y reina sobre un vasto territorio que su padre ha ampliado aún más. Su reino se caracteriza por la intransigencia religiosa, especialmente hacia los cultos mesopotámicos. Fuera del Imperio, sigue con la política de control sobre Grecia, que inicia su padre, y busca vengar la humillación que sufre con la derrota de Maratón.

No obstante, la ofensiva de 480 a. C., gigantesca por los medios empleados, también tiene una lógica estratégica: el gran rey, que ya controla Egipto, Oriente Próximo, Asia Menor y Tracia, busca dominar todo el perímetro del mar Egeo obteniendo la sumisión de las ciudades griegas de la orilla europea. Por primera vez, él mismo se pone a la cabeza de la expedición, demostrando que otorga una gran importancia a esta estrategia.

El fracaso de la invasión no tiene graves consecuencias para el Imperio y, además, no se pone en duda la soberanía de Jerjes I. No obstante, jamás logrará sellar un acuerdo con los griegos. En efecto, habrá que esperar a su sucesor, Artajerjes I (465-424 a. C.) para que se firme la paz de Calias en 449 a. C., que pone un punto final oficial a la guerra con Grecia.

En líneas más generales, hay que señalar que con Jerjes I se para la expansión territorial persa: es el primer soberano que no obtiene una victoria exterior importante.

Muere asesinado en 465 a. C., víctima de uno de los mayores males del Imperio: el complot de la corte.

MARDONIO, GENERAL PERSA

Mardonio, primo del gran rey Jerjes I, desempeña un papel

político y militar fundamental en las ofensivas contra Grecia a principios del siglo V de nuestra era.

En 492 a. C., a principios de la primera guerra médica, se sitúa a la cabeza de la expedición que debería haber restablecido la dominación sobre Tracia y Macedonia, pero se encuentra con una violenta resistencia en la que resulta herido. Cuando está volviendo a Persia, pierde una gran parte de su flota en una tormenta frente al monte Athos.

Heródoto afirma que Mardonio ejerce una gran influencia sobre Jerjes I, al que habría convencido de iniciar de nuevo las hostilidades contra Grecia para vengarse de Atenas, que derrota a los persas en Maratón. Pero también porque «Europa [es] una bellísima región, poblada de todo género de árboles frutales, sumamente buena para todo, digna, en una palabra, de no tener otro conquistador ni dueño que el rey» (Heródoto 2000). También se basa en la experiencia de la campaña de 492 a. C. para convencer al rey de que los griegos jamás podrán presentar un frente unido y que muchos de ellos se unirán rápidamente a los persas.

Tras la derrota persa en Salamina, en septiembre de 480 a. C., Mardonio se muestra favorable a que prosigan las operaciones y a que se someta a Grecia rápidamente por vía terrestre. Durante el invierno, se queda con las mejores tropas del Imperio en el norte de país y se pone al mando de la ofensiva de 479 a. C., que se salda con la derrota persa en Platea, donde fallece al enfrentarse a las tropas del espartano Pausanias (fallecido c. 476 a. C.), hermano de Leónidas I.

ANÁLISIS DE LA BATALLA

EL POSICIONAMIENTO

En agosto de 480 a. C., mientras que en el Artemisio (norte de la isla de Eubea) una flota de doscientos ochenta navíos, en su mayoría atenienses, tiene que impedir a los persas el paso marítimo hacia el sur, un contingente de varios miles de hombres camina hacia el norte y bloquea el desfiladero de las Termópilas, un paso estrecho de apenas quince metros de largo, entre mar y montaña, que se extiende durante un kilómetro y medio. Se sella el acceso por el noroeste con una fortificación. El nombre de este desfiladero, que en griego significa «puertas calientes», proviene de las numerosas fuentes de agua caliente que brotan en la zona.

La mayor parte de los combatientes son griegos procedentes del Peloponeso y del centro de Grecia. El historiador Heródoto nos da el número de efectivos exacto, aunque con el tiempo los historiadores han puesto en entredicho estos datos: los más numerosos vienen de las ciudades de Tegea, de Mantinea, de Corinto, de Tespias, de Tebas y, por supuesto, de Esparta. Actualmente, se estima que el contingente agrupa a unos cinco mil hombres en total. Entre ellos, se encuentra el famoso cuerpo de élite de los 300, elegidos por sus cualidades militares y enviados rápidamente hacia las Termópilas antes que los demás griegos para animar a estos últimos a vencer el miedo. Aunque Heródoto no lo menciona, es muy probable que se sumaran a la expedición unos mil espartanos suplementarios. Todos están a las órdenes de Leónidas I, aunque cada contingente obedece directamente a los jefes militares de su ciudad. Sin embargo, solo representan una pequeña parte de las tropas griegas, que se preparan sobre todo para defender el istmo de Corinto, más al sur.

¿SABÍAS QUE...?

Lo más frecuente es que los guerreros griegos sean ciudadanos de al menos veintiún años. Todos han seguido una formación larga y particularmente exigente en Esparta. Existen varios cuerpos de élite, como los 300 de Esparta o el Batallón Sagrado de Tebas, pero no se conoce demasiado bien su modo de reclutamiento. Los textos mencionan con frecuencia a los 300 de Esparta como una elite guerrera de tierra, pero conviene distinguirlos de los *hippeis* (caballeros), grupo de trescientos hombres que también conforman una élite seleccionada por los magistrados de la ciudad.

Al parecer, las ciudades del Peloponeso no quieren enviar a más hombres hacia el norte, ya que se estima que la situación es muy peligrosa, mientras que el istmo de Corintio parece más fácil de defender. De hecho, muchas de ellas utilizan como pretexto la celebración de fiestas religiosas que tienen lugar en ese momento para enviar únicamente un pequeño contingente. Sabemos que solo Esparta podría haber movilizado a más de seis mil hoplitas, pero prefiere conservarlos lo más cerca posible de su territorio, tal y como establece su tradición. En efecto, no solo se encuentran seguramente dubitativos con respecto a la estrategia que deben desarrollar durante la invasión persa, sino que, además, entre sus costumbres no se halla la de enviar a importantes contingentes lejos de su territorio, por dos razones:

- por una parte, buscan ante todo prevenir una rebelión de los periecos y de los ilotas, poblaciones indígenas del Peloponeso a las que han sometido;
- por otra parte, guardan un vínculo con su modelo

hoplítico tradicional, contrario a las guerras lejanas y aventuradas, tal y como señala el historiador ateniense Tucídides (*c.* 460-395 a. C.), que ve en este comportamiento una mayor diferencia con Atenas.

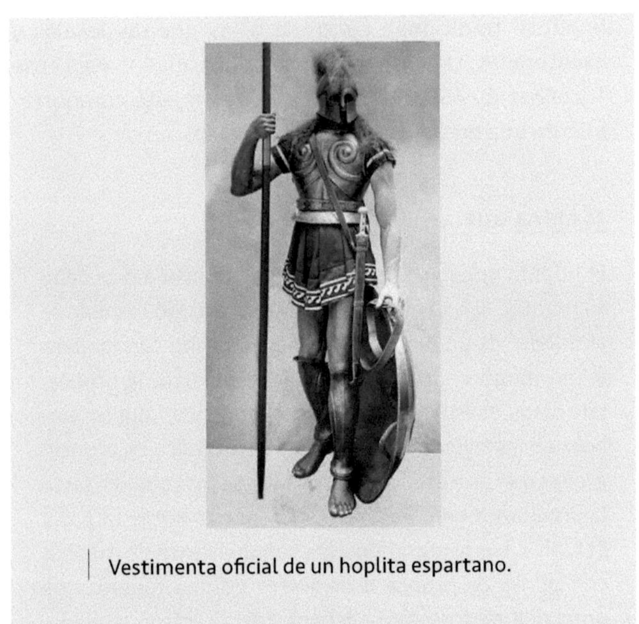

Vestimenta oficial de un hoplita espartano.

UNA PRIMERA FASE DESFAVORABLE PARA LOS PERSAS

Leónidas I instala una parte de los espartanos delante de las murallas que protegen el desfiladero y que han sido restauradas para la ocasión. El resto de tropas aguarda protegido por estos muros.

Durante dos días, sus hombres demuestran la superioridad de la táctica griega: las tropas de élite de Jerjes I y de su general Mardonio, entre las que se encuentran los medos y los famosos «Inmortales» persas (cuerpo de diez mil combatientes que se renueva sin cesar) se ven repelidas en varias ocasiones por los hoplitas, que destacan sobre todo en las maniobras de retirada y de contraataque. Sus lanzas son más largas que las de los persas y sus grandes escudos redondos les otorgan una ventaja notable sobre sus enemigos orientales. Desconocemos los detalles de las pérdidas humanas que griegos y bárbaros sufrieron en estos primeros combates, pero no cabe duda de que estos lances fueron sangrientos para los invasores.

¿Sabías que...?

La táctica de combate de los hoplitas es una formación cerrada, la falange, cuyo objetivo es repeler al enemigo mediante lanzas, mientras los soldados se protegen mutuamente con los escudos, recubriéndose parcialmente los unos a los otros para formar un frente unido.

La falange se organiza en filas de una profundidad de entre cuatro y ocho guerreros, lo que evita que el frente sea atravesado si uno de los combatientes cae. Esta formación, eficaz en líneas generales, tiene dos puntos débiles: sus alas y la parte trasera. Esta práctica, muy diferente a lo que describen los poemas de Homero (poeta épico griego, siglo VIII a. C.) para la época anterior, implica que haya muchos combatientes unidos por una fuerte cohesión. Así, pudo favorecer la ampliación del grupo de ciudadanos con derechos políticos, necesarios en Grecia para poder participar en la guerra.

Al mismo tiempo, la flota persa atraviesa graves dificultades: una parte de los navíos se destruye en una tormenta en el cabo Sepia y otros son derrotados en el cabo Artemisio. En efecto, a esta flota tan numerosa le cuesta resguardarse en las ensenadas en caso de tempestad; cuando se enfrenta a los griegos en las costas accidentadas y en las islas del mar Egeo, no tiene suficiente espacio para movilizar a todas sus tropas.

EL REPLIEGUE GRIEGO Y EL SACRIFICIO DE LOS 300

Tras dos días de lucha encarnizada, los griegos de Leónidas I siguen resistiendo, pero su posición se ve amenazada por las tropas persas que, lideradas por el griego Efialtes (c. 495-c. 461 a. C.), encuentran un camino de montaña que les permite atravesar las Termópilas, hacia el sureste. Los fócidas, que habían movilizado un contingente de un millar de personas para vigilar la montaña, fracasan en su misión: los persas, dirigidos por Hidarnes (521-480 a. C.), caminan de noche y llegan a la cima sin que nadie los vea. La situación se complica todavía más para los griegos, dado que los tan esperados refuerzos no llegan.

Los persas bajan de nuevo sin siquiera luchar contra los fócidas y se dirigen directamente hacia las tropas de Leónidas I. Antes de que se cierre por completo el círculo y para evitar una carnicería, el rey de Esparta manda al grueso de sus tropas al sur. Tal y como indica Heródoto, también es probable que el miedo a la muerte, inevitable para todos aquellos que se quedasen en las Termópilas, dejara fuera de combate a muchos griegos. Por lo tanto, el jefe espartano solo conserva a los hoplitas determinados a respetar su compromiso hasta el final. Por consiguiente, los 300, respaldados por los combatientes de las ciudades de Tespias y de Tebas, logran aguantar unas horas más, para mayor gloria de Esparta, antes de ser exterminados uno a uno, incluido Leónidas I.

Este sacrificio no tiene nada de gratuito y no responde a una búsqueda personal de gloria. En efecto, para los espartanos, jamás se exalta la derrota en el combate, pero debe ser aceptada cuando el cumplimiento del deber así lo requiere. Por ello, según Heródoto, en la inscripción que figura en Delfos sobre la tumba de los espartanos caídos durante la batalla de las Termópilas se puede leer: «Habla a los Lacedemonios, amigo, y diles que yacemos aquí obedientes a sus mandatos» (Heródoto 2000). Por lo tanto, Leónidas, que es enviado para conservar el desfiladero el máximo tiempo posible, cumple su misión perfectamente, dosificando al mismo tiempo la mayor parte de los contingentes que se le confían.

REPERCUSIONES DE LA BATALLA

EN EL PLANO MILITAR

La invasión de Grecia

La terca resistencia de los 300 retrasa durante un tiempo a los persas y permite que la flota griega se repliegue hacia el Ática antes de verse rodeada por los persas, lo que no impide la invasión terrestre de Grecia hasta el istmo de Corinto. Se saquea la Fócida y, más tarde, la Beocia, mientras que el Ática, abandonada por los atenienses, es asolada. Y lo que es aún peor para estos últimos: los persas incendian el santuario de la Acrópolis. Sin embargo, a pesar del desastre, los atenienses siguen rechazando las ofertas de paz de Jerjes I y garantizan a los espartanos que seguirán luchando por la libertad de los griegos.

Entonces, los atenienses y sus aliados ponen toda su confianza en su flota y, en septiembre de 480 a. C., los trirremes griegos (navíos de guerra con tres filas de remadores), a las órdenes de Temístocles (hombre de Estado ateniense, 528-462 a. C.), se enfrentan a las embarcaciones del gran rey persa en la bahía de Salamina. Esta batalla naval otorga una ventaja a los griegos, que logran provocar la desbandada de la flota persa.

El repliegue del ejército persa

Jerjes I, que hasta hacía poco consideraba que la victoria era segura, decide dar marcha atrás: el resto de su flota y la mayor parte de sus tropas vuelven a Jonia (Asia Menor) a pesar de sus victorias terrestres y de la importancia de sus tropas; el propio Jerjes se instala en Sardes (capital de Lidia). En el centro y en el norte de Grecia solo se quedan tropas de élite, dirigidas por Mardonio. Heródoto supone que el gran rey persa teme que los griegos destruyan el puente de barcos presente en Helesponto y lo aísle de sus bases. Sin embargo, es más probable que Jerjes siga esta estrategia por la costumbre persa, que estipula que no es el rey quien debe dirigir las operaciones militares. Además, la llegada del invierno obliga a suspender las operaciones. A finales del año 480 a. C., no hay nada decidido y los griegos esperan nuevas ofensivas a partir de la próxima primavera.

Los griegos, vencedores en Platea y en el cabo Mícala

Sin embargo, la victoria de Salamina provoca la retirada persa. Por otra parte, las tropas de Mardonio cosechan una derrota en tierra en 479 a. C., en Platea (Beocia). En ese momento, todas las tropas de Grecia entran en combate, y eso representa a ciento diez mil guerreros, entre los que se encuentran los espartanos, que han movilizado a treinta y cinco mil ilotas (en Esparta, esclavos públicos), algo excepcional. Durante esta batalla, Mardonio pierde la vida.

Ese mismo año, los persas vuelven a ser derrotados en el cabo Mícala, en Jonia. Esto marca su derrota definitiva frente a Grecia y el final de las invasiones. Por consiguiente, Jerjes I es el último soberano persa que entra en Europa. Un siglo y medio después, su Imperio es conquistado por una Grecia que se moviliza en torno a Alejandro Magno (356-323 a. C.).

La sucesión de Leónidas I y la situación en Esparta

La muerte de Leónidas I durante la batalla de las Termópilas obliga a los espartanos a buscarle rápidamente un sucesor. Dado que el rey de Esparta no tiene un heredero mayor de edad, los espartanos optan por confiar la regencia a su sobrino Pausanias. Este último es quien lidera al ejército griego que se enfrenta a los persas en Platea, mientras que el segundo rey, Leotíquidas, dirige la flota que lleva a los hoplitas al cabo Mícala.

EN EL PLANO POLÍTICO

Esta victoria inesperada de los griegos tiene graves consecuencias políticas, en especial con respecto a la hegemonía y al resplandor de Atenas sobre todo el mundo griego egeo. En efecto, la ciudad toma las riendas de la Liga de Delos, organización encargada de la lucha contra la amenaza de invasión oriental, y se construye una flota y un tesoro inmensos gracias a las contribuciones más o menos voluntarias de las otras ciudades que colaboran con la Liga. En cuanto a los espartanos, defensores de su autonomía, prefieren centrar sus esfuerzos en el Peloponeso, al que dominan, más que en ultramar.

UNA BATALLA CON UN CARÁCTER SAGRADO

La batalla de las Termópilas se ve envuelta rápidamente de un halo sagrado, tal y como recogen los versos del poeta griego Simónides de Ceos (c. 556-467 a. C.): «Gloriosa fue la suerte de los que cayeron en las Termópilas, brillante su destino y su tumba, un altar»[1] (citado por Diodoro Sículo). Estas palabras, que se hace eco de las que están grabadas en la tumba de los espartanos, en el santuario de Delfos, debían dejar una huella imborrable en la memoria europea.

Desde la Antigüedad, este episodio bélico de la historia de los griegos sirve de fuente de inspiración para la literatura, y así es desde la obra trágica *Los persas*, escrita hacia 472 a. C. por Esquilo (poeta trágico griego, 526-456 a. C.), en la que alaba sobre todo la victoria ateniense en Salamina, pero también la «lanza dórica», es decir, el valor de los hoplitas de Esparta. Seiscientos años más tarde, la biografía (que no se conserva) que Plutarco (escritor griego, 46-125 d. C.) dedica a Leónidas I muestra la admiración permanente de la que es objeto el jefe lacedemonio hasta la época romana.

---

1. Cita traducida por 50Minutos.es

EN RESUMEN

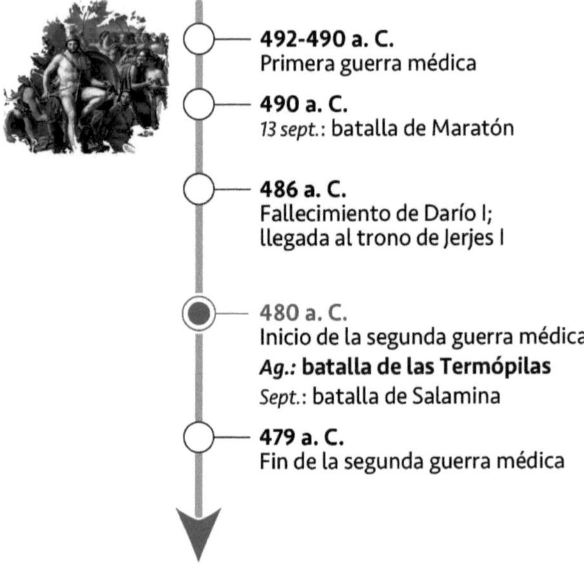

492-490 a. C.
Primera guerra médica

490 a. C.
13 sept.: batalla de Maratón

486 a. C.
Fallecimiento de Darío I;
llegada al trono de Jerjes I

480 a. C.
Inicio de la segunda guerra médica
Ag.: **batalla de las Termópilas**
Sept.: batalla de Salamina

479 a. C.
Fin de la segunda guerra médica

- En 481 a. C., para vengarse de la derrota de Maratón y para controlar el mar Egeo, Jerjes I, el gran rey persa, prepara una invasión de Grecia creando un ejército compuesto por cientos de miles de combatientes y más de mil navíos.
- En la primavera de 480 el gran ejército se pone en marcha, cruza Tracia e invade el norte de Grecia, amenazando a toda la península.
- Durante el verano, los griegos celebran un congreso en Corinto y se ponen de acuerdo en confiar las operaciones terrestres al rey de Esparta, Leónidas I, y las operaciones

marítimas a la ciudad de Atenas.

- En el mes de agosto, con solo cinco mil hombres, Leónidas I logra frenar durante dos días la progresión de los persas hacia el sur en el desfiladero de las Termópilas, un estrecho paso que impide que los invasores desplieguen sus tropas, mientras que la flota griega corta el paso al ejército enemigo al norte de la isla de Eubea.

- Sin embargo, los griegos pierden su ventaja cuando los persas logran rodear el estrecho desfiladero. Leónidas I, que considera la situación desesperada, manda de vuelta a la mayor parte de sus tropas, pero lucha durante varias horas con sus guerreros de élite, los 300, lo que permite que la flota griega se repliegue hacia el Ática.

- Los 300 fallecen durante el combate, pero entran en la leyenda, lo que refuerza todavía más el prestigio militar de Esparta.

- En el mes de septiembre, la victoria naval de Salamina salva a Grecia de la invasión persa.

- Al año siguiente, en 479 a. C., nuevas victorias griegas permiten liberar definitivamente a toda Grecia de la influencia de Jerjes I.

¡Tu opinión nos interesa!
¡Deja un comentario en la página web de tu librería en línea,
y comparte tus favoritos en las redes sociales!

PARA IR MÁS ALLÁ

FUENTES BIBLIOGRÁFICAS

- Briant, Pierre. 1995. "Les guerres médiques". *Le monde grec aux temps classiques. Le Ve siècle*, tomo 1, 27-37. París: Presses Universitaires de France.
- Christien, Jacqueline y Françoise Ruzé. 2007. *Sparte. Géographie, mythes et histoire*. París: Armand Colin.
- Christien, Jacqueline y Yohann Le Tallec. 2013. *Léonidas. Histoire et mémoire d'un sacrifice*. París: Ellipse.
- Fouchard, Alain. 2003. *Les systèmes politiques grecs*. París: Ellipse.
- Garlan, Yvon. 1999. *La guerre dans l'Antiquité*. París: Nathan.
- Lévêque, Pierre. 1964. *L'aventure grecque*. París: Armand Colin.
- Lévy, Edmond. 1995. *La Grèce au Ve siècle*. París: Seuil.
- Lévy, Edmond. 2003. *Sparte. Histoire politique et sociale jusqu'à la conquête romaine*. París: Seuil.
- Malye, Jean. 2007. *La véritable histoire de Sparte et de la bataille des Thermopyles*. París: Les Belles Lettres.
- Schmidt, Thomas. 2009. "Plutarque, les *Préceptes politiques* et le récit des Guerres médiques". *Cahier des études anciennes*, XLVI. Consultado el 25 de enero de 2017. http://etudesanciennes.revues.org/170
- Vernant, Jean-Pierre. 1985. *Problèmes de la guerre en Grèce ancienne*. París: Éditions de l'EHESS.

FUENTES COMPLEMENTARIAS

- Heródoto. 2000. *Historias,* libro VII. Buenos Aires: El Aleph. E-book en PDF.
- Malye, Jean. 2010. *La véritable histoire des héros spartiates.* París: Les Belles Lettres.
- Margueron, Jean-Claude y Luc Pfirsch. 1996. *Le Proche-Orient et l'Égypte antiques.* París: Hachette Supérieure.
- Sículo, Diodoro. 2001. *Biblioteca histórica.* Barcelona: Gredos.

FUENTES ICONOGRÁFICAS

- *Leónidas en las Termópilas*, por Jacques-Louis David, 1814. La imagen reproducida está libre de derechos.
- Retrato imaginario de Jerjes I publicado por Guillaume Rouillé en el siglo XVI. La imagen reproducida está libre de derechos.
- Vestimenta oficial de un hoplita espartano. La imagen reproducida está libre de derechos.

PELÍCULAS

- *La batalla de las Termópilas.* Dirigida por Rudolph Maté, con Richard Egan, Ralph Richardson y Diane Baker. Estados Unidos: 1962.
- *300.* Dirigida por Zack Snyder, basada en el cómic *300* de Frank Miller y Lynn Varley, con Gerard Butler, Lena Headey y Rodrigo Santoro. Estados Unidos: 2006.

MONUMENTO CONMEMORATIVO

- Monumento conmemorativo de la batalla de las Termópilas, en el enclave de la batalla, Grecia.